NOUVEAUX PROGRAMMES 2016

Français CE1

Ribambelle

Livret d'entrainement 2

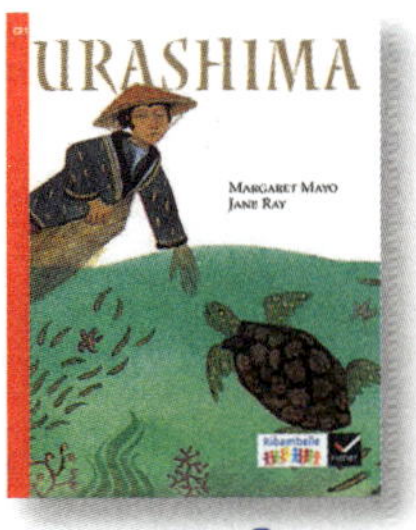

ALBUM 3

ALBUM 4

ALBUM 5

Sous la direction de
Jean-Pierre Demeulemeester
inspecteur
de l'Éducation nationale

Nadine Demeulemeester
conseillère pédagogique

Monique Géniquet
conseillère pédagogique

Gisèle Bertillot
professeure des écoles maitre formateur

© Hatier – Paris 2016 – ISBN 978-2-218-99938-3

Ce texte est conforme à la nouvelle orthographe
www.orthographe-recommandee.info

Cet ouvrage applique l'orthographe recommandée
par le ministère de l'Éducation nationale.

Hatier

Cahier d'activités p. 4 à 8

J'apprends du vocabulaire

1 J'apprends une comptine qui contient l'alphabet.

A, B, C, D,
Bien décidé
E, F, G, H,
Sur le dos d'une vache
I, J, K, L,
Sir' Caramel
M, N, O, P,
A dérapé
Q, R, S, T,
Dans la montée
U, V, W,
S'est retrouvé
X, Y, Z,
Sur le dos d'un zèbre.

2 Je récite l'alphabet à partir de la lettre :

O → ....   E → ....   J → ....

Je m'entraine à lire

3 Je lis des mots qui se ressemblent.

palais	barreau	plage	fugue	fille	émail
balai	bateau	page	figue	bille	corail
Calais	gâteau	plante	vague	quille	sérail
relai	râteau	plat	vogue	vrille	travail
délai	marteau	plaine	fougue	briller	rail

Je m'entraine à comprendre ce que je lis

1 Je lis un texte en choisissant les mots qui conviennent.

..........., un jeune homme nommé Urashima se promenait sur la plage.	Un soir d'été / Lorsque
..........., il vit une tortue renversée sur le dos. Il la ramassa et la remit à l'eau.	Enfin / Soudain
..........., Urashima partit à la pêche.	Le lendemain / Tout à coup
.... il se retrouva seul, il se reposa.	Un jour / Lorsqu'
.... une petite voix l'appela. Une tortue nageait devant son bateau : c'était la fille du Roi Dragon.	C'est alors qu' / Aujourd'hui
Ils partirent ...., en glissant sur les vagues.	sur-le-champ / demain
..........., ils plongèrent vers les profondeurs	Ensuite / Avant
et, ..., filèrent sous l'eau.	jamais / longtemps
..........., ils arrivèrent près d'un magnifique palais.	Enfin / La veille

J'apprends du vocabulaire

2 Je dis à haute voix les lettres qui manquent.

A – B – .... – D – E – F – G – H – .... – J – K – .... – .... – N –
O – P – Q – .... – .... – T – U – .... – W – X – Y – Z

3 Je dis les séries de lettres dans l'ordre alphabétique.

C		

L		

M		

	R	

	V	

	D	

		F

		J

		Q

4 Je lis chaque série de mots dans l'ordre alphabétique.

- roi – couloir – visage
- princesse – front – amour – voix

Je m'entraine à lire

5 **Je lis des mots difficiles contenant la lettre y.**

chatoyante	royaume	hypermarché	hyène	lynx
payer	crayon	lys	yaourt	larynx
rayure	rayonnage	gyrophare	yak	
royauté	noyade	mygale	yoga	

6 **Je lis un texte en partie masqué.**

Elle prit Urashima par la main et le mena par de longs couloirs jusqu'à la salle du trône. Là, ils s'agenouillèrent devant le Roi Dragon sous la Mer, ce seigneur tout-puissant, et se prosternèrent si bas que leurs fronts touchèrent le sol.

J'apprends du vocabulaire

Séquence 3
Cahier d'activités p. 14 à 17

1 **Je lis des définitions.**

laque n. f. beau vernis de Chine, noir ou rouge.
La princesse lui offrit trois belles boites en laque.

étang n. m. étendue d'eau stagnante.
Les étangs étaient pris dans la glace.

cordon n. m. petite corde.
Les boites étaient retenues par un cordon.

demeure n. f. domicile, lieu où l'on habite.
Les arbres semblaient différents, les demeures aussi.

Je m'entraine à lire

2 Je lis rapidement des mots très espacés.

lendemain → princesse → Urashima → merveilles

lendemain	princesse	Urashima
merveilles	palais	corail
royaume	extraordinaire	jardin
saisons	printemps	automne

3 Je lis des mots contenant les lettres eu.

bonh**eur**	merveill**eux**	ils **eu**rent faim
seign**eur**	h**eureux**	il **eu**t froid
l**eur**	soign**eux**	ils ont **eu** de la chance
baign**eur**	chal**eureux**	
pêch**eur**	vi**eux**	

Je m'entraine à comprendre ce que je lis

Séquence 4
Cahier d'activités p. 18 à 22

1 Je lis des phrases qui ont le même sens.

Les parents d'Urashima étaient morts.
Ils étaient morts.

Sa maison avait changé.
Elle avait changé.

Les trois boites étaient magiques.
Elles étaient magiques.

Le sable recouvrit le village.
Il recouvrit le village.

– N'ouvre jamais les boites, lui dit-elle.
– N'ouvre jamais les boites, dit la princesse à Urashima.

Il vit qu'elle contenait une plume.
Urashima vit que la troisième boite contenait une plume.

J'apprends du vocabulaire

2 Je lis des verbes de la même famille.

re ou r		dé	
lire	→ **re**lire	nouer	→ **dé**nouer
copier	→ **re**copier	faire	→ **dé**faire
venir	→ **re**venir	plier	→ **dé**plier
envoyer	→ **r**envoyer	maquiller	→ **dé**maquiller
appeler	→ **r**appeler	plaire	→ **dé**plaire

Je m'entraine à lire

3 Je lis un texte en faisant des choix.

Trois tourbillons de ________ fumée	légume / légère
s'enroulèrent autour de lui et le ________ jeune	beau / bout
homme devint un vieillard très, très âgé.	
Il ouvrit la deuxième boite.	
À ________, se trouvait un miroir.	l'internat / l'intérieur
Il se regarda et découvrit que ses cheveux	
avaient ________, que son visage	planche / blanchi
s'était ________.	ridé / rôdé
Il ouvrit la ________ boite et une plume	treizième / troisième
de grue s'en échappa.	
Elle vint frôler sa joue, puis se posa sur sa tête.	
Et le ________ homme se métamorphosa	vieil / ville
en une belle et ________ grue.	élargie / élégante

J'apprends du vocabulaire

1 Je lis des définitions.

au large en pleine mer.
Il est parti au large.

varech n. m. algues déposées sur le rivage par la mer.
La mer a déposé du varech sur la plage.

vague n. f. mouvement de l'eau dû au vent.
Le vent soulève de grosses vagues.

grève n. f. étendue de sable, de graviers, au bord de la mer.
Les barques ont été tirées sur la grève.

falaise n. f. pente rocheuse très raide usée par l'eau.
La vue de cette falaise est magnifique.

Je m'entraine à lire

2 Je lis des mots difficiles.

hémisphère
phylactère
encéphale
sphinx

capteur
aptitude
adaptation
heptagone

spiralaire
hospitalisation
spectaculaire
respectivement

3 Je lis un texte dont les voyelles sont remplacées par des cailloux.

L•s h•mm•s f•r•nt •n• s•rpr•n•nt• d•c••v•rt• :
•n n••v•••-n• t••t n•, •n g•rç•n ••x p••ngs s•rr•s.
L• m•r l'•v••t d•p•s• •u f•nd d'•n n•d d• v•r•ch
•t d'•t••l•s d• m•r. •l pl••r••t.
D• s•l bl•nch•ss••t s•n fr•nt, s•s p••p••r•s •t s•s l•vr•s.
•l •t••t s•mbl•bl• à n'•mp•rt• qu•l f•ls d'h•mm•.

Je m'entraine à comprendre ce que je lis

Séquence 2
Cahier d'activités p. 33 à 37

1 **Je lis chaque texte et je choisis le mot qui indique de quoi il s'agit.**

Le pêcheur fixe l'hameçon au fil, accroche un appât puis il lance **le tout** à l'eau.

De quoi s'agit-il ? ◗ une ligne ◗ un cheveu ◗ une barque

Lorsqu'il est en mer, pour dormir, **le macareux** se laisse flotter et il place son bec sous l'aile.

De quoi s'agit-il ? ◗ une bouée ◗ un bateau ◗ un oiseau

Quand la tempête fait rage, les bateaux ne doivent pas s'approcher des côtes car les vagues cachent souvent **les récifs**.

De quoi s'agit-il ? ◗ des coquillages ◗ des rochers ◗ des pâtés de sable

J'apprends du vocabulaire

2 **Je lis des phrases comportant des verbes synonymes.**

Les bêtes de l'eau frétillaient.
Les bêtes de l'eau gigotaient.

Elles frémissaient des antennes.
Elles tremblaient des antennes.

Elles claquaient des pinces.
Elles frappaient des pinces.

Elles tortillaient du tentacule.
Elles tordaient du tentacule.

Elles se claquemuraient au fond de leur coquille.
Elles se cachaient au fond de leur coquille.

Je m'entraine à lire

3 Je lis rapidement des mots très espacés.

nuit →	tempête →	vaguelette
→ voisine	poisson	fille
mouillée	épouse	maison
lune	villageois	grève
fruit	bête	eau
antennes	pinces	tentacule
coquille	fils	barque

J'apprends du vocabulaire

Séquence 3
Cahier d'activités p. 38 à 41

1 Je lis des définitions.

chevaucher v. être à cheval sur quelque chose.
Il chevauchait un dauphin.

glisser v. se déplacer sur une surface lisse.
Il glissa vers le fond.

s'immerger v. aller sous l'eau.
Le sous-marin s'immerge dans la baie.

empoigner v. prendre et serrer avec la main.
Il empoigne le manche de sa pelle.

2 Je lis chaque série de mots dans l'ordre alphabétique.

- nacre – vitesse – livre – maison
- barque – tempête – harpon – coquille

Je m'entraine à lire

3 Je lis un texte en majuscule.

FADO GRANDIT ENCORE. IL ALLA SOUVENT JOUER AU MILIEU DES ANIMAUX MARINS, CAR À TERRE IL N'AVAIT PAS DE VRAIS AMIS. IL APPRIT À SIFFLER DANS LA LANGUE DES DAUPHINS, UNE BALEINE LUI ENSEIGNA DE VIEUX CHANTS DE SON PEUPLE. IL SUT AUSSI DANSER AVEC LES PIEUVRES ET CHASSER AVEC LES REQUINS.

Je m'entraine à comprendre ce que je lis

1 Je lis des phrases qui ont le même sens.

Les autres m'appellent Grenouille.
Les enfants du village m'appellent Grenouille.
Mes compagnons m'appellent Grenouille
Les gamins m'appellent Grenouille.

Ses yeux devenaient gris lorsque les gamins se moquaient de lui.
Ses yeux devenaient gris lorsque les enfants du village se moquaient de lui.
Ses yeux devenaient gris lorsque les autres se moquaient de lui.
Ses yeux devenaient gris lorsque ses compagnons se moquaient de lui.

J'apprends du vocabulaire

2 Je lis :

• deux noms de la même famille

-ette		-elle	
la fourche →	la fourch**ette**	la rue →	la ru**elle**
la caisse →	la caiss**ette**	la poutre →	la poutr**elle**
le camion →	la camionn**ette**	la tour →	la tour**elle**
la maison →	la maisonn**ette**	la lame →	la lam**elle**

• un adjectif et un nom de la même famille

riche →	la rich**esse**	poli →	la polit**esse**
souple →	la soupl**esse**	triste →	la trist**esse**

• un verbe et un nom de la même famille

embarquer →	une embarc**ation**	opérer →	une opér**ation**
s'exclamer →	une exclam**ation**	imaginer →	l'imagin**ation**

Je m'entraine à lire

3 **Je lis un texte dans des écritures fantaisistes.**

Un soir, trois hommes de Basseterre se faufilèrent parmi les maisonnettes de Cap de Chien. Ils chuchotaient pour se donner du courage.
Les barques penchées comme dans un long sommeil prouvaient que les pêcheurs étaient dans leurs lits et non point sur la mer.

Un soir, trois hommes de Basseterre se faufilèrent parmi les maisonnettes de Cap de Chien. Ils chuchotaient pour se donner du courage.
Les barques penchées comme dans un long sommeil prouvaient que les pêcheurs étaient dans leurs lits et non point sur la mer.

J'apprends du vocabulaire

Séquence 5
Cahier d'activités p. 47 à 50

1 **Je lis des mots de la même famille.**

-ment

solide	→	solide**ment**	adroit	→	adroite**ment**
tranquille	→	tranquille**ment**	soigneux	→	soigneuse**ment**
triste	→	triste**ment**	gentil	→	genti**ment**
rapide	→	rapide**ment**	vif	→	vive**ment**
large	→	large**ment**	doux	→	douce**ment**
rare	→	rare**ment**	maladroit	→	maladroite**ment**
rapide	→	rapide**ment**	normal	→	normale**ment**

2 **Je lis chaque série de mots dans l'ordre alphabétique.**

- genou – dos – olive – zébu – arbre
- poêle – couleur – facile – marin – utiliser

Je m'entraine à lire

3 Je lis un texte en majuscule et en italique.

*FADO RACONTAIT À LUDIE QU'AU FOND DE LA MER
ON POUVAIT RENCONTRER DES PLAGES DE SABLE FIN
SUR LESQUELLES PERSONNE NE MARCHERAIT JAMAIS.
UNE FOIS, LUDIE OSA DEMANDER :
– QUE DISENT LES ANIMAUX MARINS LORSQU'ILS
TE VOIENT AVEC TA TÊTE ET TON CORPS D'HUMAIN ?
– LE MERLAN DIT QUE JE BRILLE MIEUX QUE LUI,
LE POULPE DIT QUE MES BRAS SONT AGILES,
LE DAUPHIN TROUVE MES MAINS ADROITES.
ILS M'AIMENT COMME JE SUIS.*

Je m'entraine à comprendre ce que je lis

Séquence 6
Cahier d'activités p. 51 à 55

1 Je lis en remplaçant le pronom par le nom correspondant.

La mer n'a pas besoin de nous pour nourrir son fils, **elle** [la mer] veut seulement qu'**il** [Fado] apprenne à parler et à aimer comme les hommes, puisqu'**il** [Fado] est aussi un petit homme. Mais qui de nous **le** [Fado] prenait dans ses bras ? Qui **l'**[Fado]a embrassé même une seule fois ?
La voix de Ludie s'éleva : « Moi, je **l'**[Fado]ai embrassé. »

J'apprends du vocabulaire

2 Je lis chaque série de mots dans l'ordre alphabétique.

- papa – poisson – plume
- cabine – colis – ciment
- dauphin – requin – rames – dos
- vague – soleil – volonté – sardine

3 Je lis des mots difficiles.

radiologue
ostréiculture
irrécupérable
gyrophare

catamaran
esturgeon
orthographe
diagnostic

pronostic
pyramidale
météorologie
cosmétique

4 Je lis des mots qui se ressemblent.

bâtir
barrir
barrer

bêtise
bétail
béton

brillante
braillant
baillant

corail
Coralie
cordial

ingrat
incruster
incroyable

fillette
paillette
follette

perle
parler
percer

J'apprends du vocabulaire

1 **Je lis :**

• un nom et les adjectifs de la même famille

des qualités	la prudence	→ prudent, prudente
	le courage	→ courageux, courageuse
	la gentillesse	→ gentil, gentille
des défauts	la paresse	→ paresseux, paresseuse
	la gourmandise	→ gourmand, gourmande
	la maladresse	→ maladroit, maladroite
des émotions	la colère	→ coléreux, coléreuse
	la frayeur	→ effrayé, effrayée
	la honte	→ honteux, honteuse

• un nom et un verbe de la même famille

une plainte → se plaindre
des pleurs → pleurer
un gémissement → gémir

Je m'entraine à lire

2 **Je lis un texte dont les voyelles sont remplacées par des cailloux.**

●l ● ●v●●t ●n● f●●s, ●n● p●t●t● f●ll● c●rs● q●● s'●pp●l●●t
●●nn●n●. ●ll● h●b●t●●t ●v●c s●s p●r●nts ●t s●n p●t●t fr●r●
●rs● d●ns ●n● c●b●n● d● b●rg●r.
S●●v●nt, V●nn●n● s'●n ●ll●●t v●rs l● f●r●t t●●t● pr●ch●
ch●rch●r ●n f●g●t d● b●●s. ●rs● l● s●●v●●t.
●ll● p●ns●●t q●● s●n fr●r● ●t●●t ●n p●● p●r●ss●●x,
m●●s ●ll● l'●●m●●t b●●n qu●nd m●m●.

Je m'entraine à comprendre ce que je lis

1 **Je lis le début de chaque phrase puis la fin qui convient.**

Orso veut être sûr que le talisman protège, •	• car une chèvre lui a donné un coup de tête.
Vannina tire son frère par le bras •	• alors il se met face au troupeau de chèvres.
Le garçon se retrouve par terre •	• parce qu'il s'est quand même fait renverser.
Orso dit que le talisman ne vaut rien •	• pour qu'il laisse passer le troupeau.

J'apprends du vocabulaire

2 **Je lis des phrases comportant un même mot utilisé dans des sens différents.**

Le talisman, accroché à une **chaine**, brillait comme de l'or.

La **chaine** de son vélo s'est cassée.

Nous avons franchi plusieurs **chaines** de montagne.

Grand-père change souvent de **chaine** lorsqu'il regarde la télévision.

Léa préfère écouter de la musique sur sa **chaine** plutôt qu'à la radio.

Autrefois, lorsqu'il y avait le feu, les villageois faisaient la **chaine** pour transporter de l'eau.

Je m'entraine à lire

3 Je lis des mots difficiles.

miniature
rhizome
hippodrome

coquetterie
planisphère
représailles

morphologie
potentiel
hélicoptère

quartz
hiérarchie
pharmacopée

4 Je lis des mots qui se ressemblent.

croissant
crissant
croassant

bâton
tâton
carton

fagot
ragot
magot

poing
coing
pingpong

chèvres
lèvres
brèves

piteux
miteux
mieux

J'apprends du vocabulaire

Séquence 3
Cahier d'activités p. 70 à 73

1 Je lis des mots de la même famille.

barque
dé**barque**r
em**barque**r
em**barque**ment
dé**barque**ment

guet
guetteur
guetter
guet-apens
être aux a**guet**s

abri
abriter
abribus
sans-**abri**

2 Je lis des mots de sens contraire.

se réveiller → s'endormir
se dépêcher → trainer
refuser → accepter

continuer → arrêter
s'éloigner → se rapprocher
obéir → désobéir

Je m'entraine à lire

3 Je lis un texte en partie masqué.

C'est pourquoi on avait bâti, tout autour de l'ile, de grosses tours rondes. De là les Corses guettaient, et ils allumaient des feux lorsqu'ils voyaient les bateaux turcs arriver. Les paysans et les bergers avaient alors le temps de se sauver dans la montagne.

Je m'entraine à comprendre ce que je lis

Séquence 4
Cahier d'activités p. 74 à 77

1 Je lis des phrases de même sens.

Orso regarda sa sœur dormir.
Orso la regarda dormir.

Orso réveilla sa sœur.
Orso la réveilla.

Vannina referma la cachette.
Vannina la referma.

Personne ne pourra trouver les enfants.
Personne ne pourra les trouver.

Les soldats poussèrent les enfants.
Les soldats les poussèrent.

Le bateau emportera les enfants.
Le bateau les emportera.

Je vais dire à Vannina de sortir.
Je vais lui dire de sortir.

Orso obéit à Vannina.
Orso lui obéit.

Vannina dit à Orso de ne pas pleurer.
Vannina lui dit de ne pas pleurer.

J'apprends du vocabulaire

2 Je lis des phrases comportant un même mot utilisé dans des sens différents.

Le pêcheur a lancé son **filet**.
La balle de tennis est allée dans le **filet**.
Il ne coule plus qu'un petit **filet** d'eau.
Le boucher a coupé un steak dans un morceau de **filet**.
Elle a parlé avec un petit **filet** de voix.

Je m'entraine à lire

3 **Je lis rapidement des mots très espacés.**

impression →	drôle →	quelqu'un
hurlement	deux	terribles
sabre	soldat	turbans
moustache	main	émotion
bateau	terre	criant
arrière	sœur	hélas
felouque	bâton	mains
Vannina	instant	enfants
immobilisé	recourbé	l'autre

J'apprends du vocabulaire

Séquence 5
Cahier d'activités p. 78 à 81

1 **Je lis des verbes de sens contraire.**

descendre → monter
ouvrir → fermer
sortir → entrer
pleurer → rire
avancer → reculer
pousser → tirer

2 **Je lis des adjectifs de sens contraire.**

rapide → lent
clair → foncé
méchant → gentil
petit → grand
jeune → vieux
court → long
étroit → large

Je m'entraine à lire

3 Je lis des mots difficiles.

orchestre	psychiatre	chromatique
chœur	psychologue	charismatique
ecchymose	psychose	chromosome

4 Je lis un texte dont les voyelles sont remplacées par des cailloux.

Fin●l●m●nt, V●nnin● ●t ●rs● s●ntir●nt q●● l● b●t●●● b●●g●●it.

●l pr●n●it l● l●rg●. ●t●●r d'●●x, l●s g●miss●m●nts s● fir●nt pl●s trist●s.

– C●●r●g● ! dis●it V●nnin●.

– C●●r●g● ! r●p●t●it ●rs●.

C●l● n'●mp●ch●it p●s d● gr●sses l●rm●s d● c●ul●r s●r l●●rs j●u●s.

Je fais fonctionner la langue

Séquence 6
Cahier d'activités p. 82 à 85

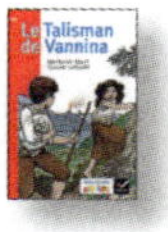

1 Je lis chaque texte. Je choisis le lieu qui correspond.

Orso grimpe toutes les marches pour arriver au sommet. Où est Orso ? •	• dans une grotte
Orso frissonne en touchant la paroi humide et fraiche. Où est Orso ? •	• dans la cale d'un bateau
Vannina marche depuis longtemps quand elle doit s'arrêter pour vider le sable de ses chaussures. Où est Vanina ? •	• dans une tour
L'endroit est malodorant et humide. On sent encore l'odeur du poisson séché et du bois moisi. Où sont les enfants ? •	• sur la plage

J'apprends du vocabulaire

2 Je lis des phrases comportant un même mot utilisé dans des sens différents.

Il hisse la **voile** et s'éloigne sur la mer.

La mariée avait un très long **voile** tenu par quatre enfants.

Il y avait un léger **voile** de brume sur la mer.

C'est un menteur, il nous **voile** la vérité.

Chaque fois qu'il passe dans un trou, il **voile** la roue de son vélo.

3 Je lis des phrases en faisant des choix.

- À Venise, on se promène en ______. — felouque / gondole
- Le ______ rapporte des tonnes de poissons. — chalutier / barque
- Nous avons fait une grande croisière dans un magnifique ______. — yacht / chalutier
- Il n'y a pas de vent, le ______ est immobile. — paquebot / voilier
- La grue décharge les soutes du ______. — paquebot / voilier
- Avec cette ______, je vais pouvoir aller pêcher dans l'étang. — barque / felouque
- Les Turcs utilisaient des ______ pour traverser la mer. — yachts / felouques

Je m'entraine à lire

4 Je lis un texte dans une écriture fantaisiste.

Lorsque Vannina monta dans une barque pour retourner à terre, un officier lui donna un petit sac. Vannina n'en croyait pas ses yeux, le sac était plein de pièces d'or.

Aujourd'hui encore, on montre dans leur village la grande maison qu'ils firent construire pour leurs parents, avec l'or du prince. D'ailleurs, cette maison, s'appelle toujours « la maison du Turc ».

Orthographe, grammaire et conjugaison

ORTHOGRAPHE

GRAMMAIRE

CONJUGAISON

1 Les valeurs de la lettre C

- La lettre **c** placée devant **a**, **o**, **u** se prononce [k]. *Exemple : un camion*
- La lettre **c** placée devant **e**, **i**, **y** se prononce [s]. *Exemple : une citerne*

⚠ Pour que la lettre **c** se prononce [s] devant **a**, **o**, **u**, il faut ajouter une **cédille**. *Exemple : le maçon*

c devant **a, o, u**	c devant **e, i, y**	ç devant **a, o, u**
[k]	[s]	[s]
un **co**ffre	une su**ce**tte	la balan**ço**ire
le **co**u	une pin**ce**	un gla**ço**n
la **cu**vette	le méde**ci**n	fran**ça**is
un es**ca**rgot	les **ci**seaux	la fa**ça**de
la **ca**mpagne	un **cy**gne	un re**çu**

2 Les valeurs de la lettre G (1)

- La lettre **g** se prononce [g] devant **a**, **o**, **u**. *Exemple : un gamin*
- La lettre **g** se prononce [ʒ] devant **e**, **i**, **y**. *Exemple : une gifle*

g devant **o, a, u**		g devant **e, i, y**	
[g]		[ʒ]	
un ma**ga**sin	élé**ga**nte	étran**ge**	intelli**ge**nt
la **ga**re	un **ga**nt	un messa**ge**	**ge**ntil
		le **ge**nou	un **ge**ndarme
une **go**mme	une **go**utte	la **gi**rafe	un en**gi**n
le car**go**	la ca**go**ule	le ma**gi**cien	
	un pin**go**uin	un ca**gi**bi	
	le dra**go**n		
la vir**gu**le		la **gy**mnastique	
les lé**gu**mes			

3 Les valeurs de la lettre G (2)

- Pour que la lettre **g** se prononce [g] devant **e, i** et **y**, il faut ajouter un **u**.
  Exemple : le ***guidon***
- Pour que la lettre **g** se prononce [ʒ] devant **a** et **o**, il faut ajouter un **e**.
  *Exemple : un plon****geon***

gu devant **e, i, y**		**ge** devant **a, o**	
[g]		[ʒ]	
la va**gue**	une **gui**tare	l'oran**gea**de	**Geo**rges
une **gue**non	un **gui**de	il plon**gea**it	un pi**geo**n
guérir	la **gui**mauve		
une **guê**pe	**gui**der		
la ba**gue**tte	**Guy**		

4 Les valeurs de la lettre S

- La lettre **s** placée entre 2 voyelles se prononce [z]. *Exemple : une ro****se***
  Pour que la lettre **s** se prononce [s] entre 2 voyelles, il faut la doubler.
  *Exemple : une bo****sse***
- La lettre **s** placée entre une voyelle et une consonne se prononce [s].
  Exemple : la poste

entre 2 voyelles **s**	entre 2 voyelles **ss**	**s** entre une voyelle et une consonne
[z]	[s]	[s]
la bi**se**	une bro**sse**	une ve**st**e
choi**si**r	la mou**sse**	un e**sc**alier
une chai**se**	un cha**sse**ur	la dan**se**
le ha**sa**rd	il gli**sse**	en**su**ite
un cou**si**n	un cou**ssi**n	
le poi**so**n	un poi**sso**n	
une ca**se**	il ca**sse**	

5 L'accord en nombre dans le groupe du nom

- Quand le **déterminant** est au **singulier**, le **groupe du nom** est au **singulier**.
- Quand le **déterminant** est au **pluriel**, le **groupe du nom** est au **pluriel**.

Au singulier → *une perle brillante* *un beau navire*
Au pluriel → ***des** perle**s** brillante**s*** ***des** beau**x** navire**s***

Le plus souvent, pour écrire un **adjectif au pluriel**, on ajoute un **s** ou un **x** à la fin du mot.

● Je lis chaque groupe du nom en ajoutant un déterminant qui convient.

.... jeune homme .... plages vides .... tortues sauvages
.... milliers d'années .... panier percé .... autres bateaux
.... femme joyeuse .... eaux profondes .... diamant splendide

● Je ne lis à haute voix que les groupes du nom correctement accordés.

des	bateaux	lente
	tortue	rapides

une	personnes	agitée
	élève	âgées

la	grande	cabanes
	petites	maison

les	bijou	argentées
	boucles	doré

un	soleil	chauds
	cailloux	brulant

des	gamins	malade
	enfant	heureux

6 Les déterminants

Le déterminant est le premier mot du groupe du nom.
- Les déterminants les plus courants sont : **un, une, le, la, l', les, des.**
- Il existe d'autres déterminants : **son, ma, mes, leur, notre, ce…**

● **Je lis chaque groupe du nom en changeant le déterminant.**

singulier		pluriel	
la une cette ma notre leur	vieille maison	les des ces mes vos leurs	vieille**s** maison**s**
un le ce son votre leur	poisson rouge	les des ces mes nos leurs	poisson**s** rouge**s**

● **Je lis chaque phrase en changeant le déterminant.**

Un Le Ce	jeune homme aperçoit	une cette la	tortue devant	son un ce	bateau.

Les Des Leurs	enfants écoutent	les des ces	histoires d'autrefois.

7 Les indicateurs de temps

Dans une phrase, certains mots indiquent le temps.
– Au **passé** : *autrefois, hier…*
– Au **présent** : *aujourd'hui, maintenant…*
– Au **futur** : *demain, dans un moment…*
Ce sont les **indicateurs de temps.**

• Je dis le temps qui correspond à chaque indicateur.

Exemple : avant-hier → *passé*

– en ce moment → …………		– plus tard → …………	
– aujourd'hui → …………		– hier → …………	
– autrefois → …………		– maintenant → …………	
– la semaine dernière → …………		– l'année prochaine → …………	
– il y a très longtemps → …………			

• Je lis chaque phrase en choisissant le verbe qui convient.

En ce moment, le tonnerre | gronde. / gronda.

Avant-hier, il | a plu. / pleuvra.

Demain, il y | aura des orages. / avait des orages.

Maintenant, le vent | se lève. / se lèvera.

8 Le repérage du verbe (1)

Le verbe est le mot qui varie quand on change le temps de la phrase.

Exemples : ***Hier**, il* *est allé* *à l'école.*
***Maintenant**, il* *va* *à l'école.*
***Demain**, il* *ira* *à l'école.*

● Je lis chaque phrase en changeant le temps du verbe.

Le facteur	apporte apportait a apporté apportera	le courrier.

Il	sonne sonna a sonné sonnera	à la porte

Une dame	ouvre ouvrit a ouvert ouvrira	la porte.

Les enfants	lisent lisaient ont lu liront	leurs lettres.

● Je lis chaque phrase avec le verbe qui convient.

En ce moment, le vent	a soufflé souffle soufflera	très fort.

Hier soir, une branche	est tombée tombera tombe	au milieu de la route.

Demain, les pompiers	ont enlevé enlèvent enlèveront	cet arbre.

9 Les pronoms de la conjugaison

Je, tu, il, elle, on, nous, vous, ils, elles sont des **pronoms.**
Les pronoms désignent des personnes ou des objets.
Ils sont « **sujet** » du verbe.
Exemple : Elle saute dans la piscine.
sujet verbe

- **Je lis la fin de la phrase qui correspond à chaque pronom.**

Vous Elles	plongent dans les vagues. êtes sous le parasol. font des pâtés de sable.

Nous Je	creusons un grand trou. ramassera des galets. fais des ricochets.

- **Je repère le pronom. Je dis le verbe conjugué.**

Il avait presque huit ans. → *Le pronom c'est* ***il****. Le verbe conjugué c'est* ***avait****.*
Vous préparez une grande fête. → ....
Ils achètent des guirlandes → ....
Bientôt, elles arriveront. → ....
Ils apporteront plein de cadeaux. → ....
Tu serviras des boissons fraiches. → ....
Nous danserons toute la nuit. → ....

10 Le pronom TU

Avec le pronom **tu**, les verbes se terminent par la lettre **s**.
⚠ « tu peu**x** » et « tu veu**x** » se terminent par un **x**.

● Je lis des phrases avec *tu*.

PASSÉ	PRÉSENT	FUTUR
– Tu avai**s** sommeil.	– Tu voi**s** quelque chose s'envoler.	– Tu sera**s** effrayé.
– Tu te coucha**s** dans ton lit.	– Tu pousse**s** un cri de surprise.	– Tu appellera**s** tes parents.
– Tu regardai**s** le ciel.	– Tu vien**s** d'apercevoir une chauvesouris.	– Tu n'en croira**s** pas tes yeux.

● Je repère les verbes correctement accordés avec le pronom *tu*. Je lis les phrases correspondantes.

Tu
- lances une balle.
- attrape un ballon.
- fais une passe à un ami.
- rient beaucoup.

Tu
- es en pleine forme.
- va gagner.
- marques un but.
- as gagné.

11 Le pronom NOUS

Avec le pronom **nous**, les verbes se terminent par **ons**.
⚠ « nous sommes » se termine par un **s**.

Je lis des phrases avec le pronom *nous*.

PASSÉ	PRÉSENT	FUTUR
– Nous marchi**ons** dans la rue.	– Nous cherch**ons** son maitre.	– Nous essaier**ons** de l'attraper.
– Nous av**ons** trouvé un petit chat.	– Nous n'apercev**ons** personne.	– Nous lui parler**ons** tout doucement.
– Nous éti**ons** étonnés.	– Nous décid**ons** de le garder.	– Nous lui donner**ons** du lait.

Je repère les verbes correctement accordés avec le pronom *nous*. Je lis les phrases correspondantes.

Nous | faisons du vélo.
partiront dans l'après-midi.
avons préparé un piquenique.

Nous | sommes très heureux de partir.
attendez le départ avec impatience.
ne dormiront pas beaucoup.
espérons qu'il fera beau.

12 Le pronom VOUS

Avec le pronom **vous**, les verbes se terminent par **ez**.
⚠ « vous dites, vous faites, vous êtes »
se terminent par **es**.

- **Je lis des phrases avec le pronom *vous*.**

PASSÉ	PRÉSENT	FUTUR
– Vous regardi**ez** la télévision. – Vous av**ez** changé de chaine. – Vous n'av**ez** rien trouvé d'intéressant.	– Vous mett**ez** un DVD. – Vous regard**ez** un dessin animé. – Vous ri**ez** comme des fous.	– Vous lir**ez** des BD après le film. – Vous ser**ez** très contents de votre après-midi. – Vous aur**ez** envie d'aller jouer dehors.

- **repère les verbes correctement accordés avec le pronom *vous*. Je lis les phrases correspondantes.**

Vous	sortez de la maison. marchez rapidement. courons très vite. faites des courses.

Vous	achetez des bandes dessinées. regardent les vitrines. rentrons à la nuit tombée. avez passé une bonne journée.

13 Les pronoms ILS et ELLES

Avec les pronoms **ils** et **elles**, les verbes se terminent par **ent** ou **ont**.
Exemples : Ils s'amusent. *Elles joueront.*

● Je lis des phrases avec les pronoms *ils* et *elles*.

PASSÉ	PRÉSENT	FUTUR
– Ils se promenai**ent** dans la forêt.	– Ils se promèn**ent** dans la forêt.	– Ils se promèner**ont** dans la forêt.
– Elles admirai**ent** le ciel.	– Elles admir**ent** le ciel.	– Elles admirer**ont** le ciel.
– Elles faisai**ent** du sport.	– Elles f**ont** du sport.	– Elles fer**ont** du sport.
– Ils prenai**ent** le train.	– Ils prenn**ent** le train.	– Ils prendr**ont** le train.

● Je repère les verbes correctement accordés avec les pronoms *ils* et *elles*. Je lis les phrases correspondantes.

Ils
- observerons les étoiles.
- regarderont la voix lactée.
- cherche une comète.
- imaginent la vie des étoiles.

Elles
- prennent des photos de la lune.
- voit une étoile filante.
- voulaient connaitre ses mystères.
- adoraient regarder le ciel, la nuit.

14 Le pronom JE

Avec le pronom **je**, la terminaison change avec le verbe et avec le temps.
*Exemples : **je parle, je reviendrai, je ris, je peux.***
Pour écrire correctement les terminaisons des verbes avec **je**, j'utilise 

.

Je lis des verbes conjugués avec le pronom *je*.

PASSÉ	PRÉSENT	FUTUR
– je chantais	– je porte	– je regarderai
– je grandissais	– je remplis	– je grossirai
– je souriais	– je sors	– je dormirai
– je suis descendu(e)	– j'apprends	– j'entendrai
– j'ai eu très peur	– j'ai	– j'aurai

Je repère les verbes correctement accordés avec le pronom *je*. Je lis les phrases correspondantes.

Je	chante une berceuse. jouent du piano.
Je	jouerez avec un orchestre. serai musicien plus tard.
Je	répètent tous les jours. commence à apprendre le solfège.
J'	ai toujours envie de chanter. écoutent beaucoup de rock.

15 Les pronoms IL et ELLE

Avec les pronoms **il** et **elle**, la terminaison change avec le verbe et avec le temps.
*Exemples : **il lance, elle ira, il vient, elle prend, elle faisait.***
Pour écrire correctement les terminaisons des verbes avec **il, elle,** j'utilise 

.

● Je lis des phrases avec les pronoms *il* et *elle*.

PASSÉ		PRÉSENT	FUTUR
– Il parlait.	– Il a crié.	– Elle parle vite.	– Elle ira chez elle.
– Elle travaillait.	– Il a eu peur.	– Il entend un bruit.	– Elle se dépêchera.
– Il était seul.	– Il a hurlé.	– Elle est surprise.	– Il le suivra.
	– Il est revenu.		

● Je repère les verbes correctement accordés avec les pronoms *il* et *elle*. Je lis les phrases correspondantes.

Il	part pour une grande randonnée. se cachent derrière un arbre.
Elle	grimpe le plus haut possible. partez dans les bois.
Elle	marches très vite. se repose un moment.
Il	admire le paysage. sifflent comme un pinson.

16 Le repérage du verbe (2)

Le verbe est le mot de la phrase qui varie quand on change la personne.

Exemples : Le maitre *est* *en colère.*

Les hommes *sont* *en colère.*

Je *suis* *en colère.*

- **Je lis chaque phrase en choisissant le verbe qui convient.**

Mes parents	rentrons rentrez rentrent	de bonne heure.
Les enfants	découvrez découvrons découvrent	la nouvelle maison.
Pierre	suis est êtes	surpris.
Mon père	rions. rit. riez.	

- **Je lis chaque phrase en choisissant la personne qui convient.**

.... visitera le quartier. Je Il Nous

.... font le tour de la maison. Nous Tu Ils

.... grimpe sur le toit. Nous Vous Il

17 Le verbe : forme infinitive, forme conjuguée

- Le verbe a deux formes.
  – Il peut être **conjugué** : il varie selon le temps et la personne.
  Exemples : Il *avance* *lentement.* *Tu* *avanceras* *lentement.*
  – Il peut être à **l'infinitif**. *Exemple : arriver*
- Pour trouver l'infinitif d'un verbe, on peut utiliser « en train de… ».
  Exemple : Il avance. → *Il est en train d'avancer.* → *C'est le verbe avancer.*

● J'utilise « en train de » pour trouver l'infinitif du verbe.

Un lièvre sort de son terrier. → C'est le verbe *sortir*.
Les oiseaux chantent. → C'est le verbe ....
Le pêcheur surveille sa ligne. → C'est le verbe ....
Des canards s'envolent. → C'est le verbe ....
Le soleil se cache derrière les nuages. → C'est le verbe ....
La nuit tombe rapidement. → C'est le verbe ....

18 Le repérage du verbe (3)

Pour repérer le verbe dans une phrase, je peux :

- **changer le temps de la phrase**
  Je joue au ballon.
  → *Je* ***jouais*** *au ballon.*
  → *Je* ***jouerai*** *au ballon.*

- **changer la personne**
  Je joue au ballon
  → *Nous* ***jouons*** *au ballon*
  → *Vous* ***jouez*** *au ballon*

- **transformer la phrase à la forme négative.**
  Je joue au ballon.
  → *Je ne* ***joue*** *pas au ballon.*
  → *Je ne* ***joue*** *plus au ballon.*

● **Dans chaque phrase, je trouve le verbe en utilisant les trois stratégies.**

Dans la rue, les gens défilent.

① Je change le temps.	→	Dans la rue, les gens défilaient.
② Je change la personne.	→	Dans la rue, nous défilons.
③ Je transforme à la forme négative.	→	Dans la rue, les gens ne défilent plus.

Le verbe de la phrase est : ....

L'homme chante longtemps.

① Je change le temps.	→	L'homme chantera longtemps.
② Je change la personne.	→	Vous chantez longtemps.
③ Je transforme à la forme négative.	→	L'homme ne chante pas longtemps.

Le verbe de la phrase est : ....

19 Le sujet du verbe

Le sujet commande le verbe.
Pour repérer le sujet, on peut utiliser *C'est … qui.*
Exemple : La neige tombe. → *(C'est) la neige (qui) tombe.*
sujet

● J'utilise « c'est … qui » pour trouver le sujet du verbe.

Le ciel devient sombre.
Le tonnerre gronde au loin.
Le soleil se cacha derrière un nuage.
Le vent se lèvera.

20 L'accord du verbe avec son sujet

Pour écrire la terminaison du verbe, je cherche toujours son sujet.

- Quand le **sujet** est au **singulier**, le **verbe** est au **singulier**.
  Exemple : La voiture (sujet) double (verbe) le camion.
- Quand le **sujet** est au **pluriel**, le **verbe** est au **pluriel**.
  Il se termine alors par **ent** ou **ont**.
  Exemples : Les voitures (sujet) doublent (verbe) les camions. Ils (sujet) vont (verbe) trop lentement.

● Je lis chaque phrase en choisissant le verbe qui convient.

Une voiture | passe / roulent | à toute vitesse. Un piéton | ont failli / a failli | se faire renverser.

Les passants | essaient / tente | de relever le numéro de la voiture mais elle | ont disparu. / a disparu.

● Je lis chaque phrase en choisissant le sujet qui convient.

....	filent à vive allure.	Les coureurs / Le coureur
....	applaudissent à leur passage.	Le spectateur / Les spectateurs
....	tombe dans un virage.	Des cyclistes / Un cycliste

21 Le présent des verbes qui se terminent par ER à l'infinitif

Au présent, les verbes en **er** se terminent par :

je	→ **e**
tu	→ **es**
il / elle	→ **e**
nous	→ **ons**
vous	→ **ez**
elles / ils	→ **ent**

DESSINER au présent	
je	dessin**e**
tu	dessin**es**
il / elle	dessin**e**
nous	dessin**ons**
vous	dessin**ez**
elles / ils	dessin**ent**

radical : terminaison

- **Je ne lis à haute voix que les verbes qui se terminent par *er* à l'infinitif.**

manger – avoir – prendre – dévorer – être – grimper – sourire – avaler – boire

- **Je conjugue les verbes au présent. Je dis les terminaisons.**

GRIMPER		BAVARDER		TRAVAILLER	
je	grimp...	je	bavard...	je	travaill...
tu	grimp...	tu	bavard...	tu	travaill...
il	grimp...	elle	bavard...	elle	travaill...
nous	grimp...	nous	bavard...	nous	travaill...
vous	grimp...	vous	bavard...	vous	travaill...
elles	grimp...	ils	bavard...	ils	travaill...

- **Je lis chaque phrase en choisissant le verbe qui convient.**

Tu | apportes / préparent | un jeu.

Mon petit frère | adorent / aime | beaucoup ce jeu.

Ma sœur | joue / restes | avec lui.

Ils | triche un peu. / s'amusent bien.

22 Le présent des autres verbes

● Je repère le verbe correctement accordé avec chaque pronom. Je lis les phrases correspondantes.

Il Vous	bondissez bondit bondissent	dès que le ballon arrive.

Ils Tu	disons dis disent	qu'il fera beau demain.

Elle Nous	faisons fait font	des ricochets sur l'eau.

Je Elles	voulons veulent veux	jouer au basket.

● Je lis chaque phrase en choisissant le sujet qui convient.

…… prend le temps de réfléchir à ce qu'il va écrire.	L'enfant	Les enfants
…… prennent le train ce soir.	Vous	Les parents
…… prends tout mon temps pour copier mon poème.	Je	Les enfants

● Dans chaque série, je ne lis à haute voix que le verbe conjugué au présent.

elle jaunit	nous obéirons	ils applaudissent	je choisis	tu rougis
elle jaunira	nous obéissons	ils applaudissaient	je choisirai	tu rougiras

23 Le verbe ÊTRE au présent

ÊTRE au présent	
je	suis
tu	es
il / elle	est
nous	sommes
vous	êtes
elles / ils	sont

- **Je transforme chaque phrase en changeant de pronom.**

Je suis malade. → Nous .... malades.
Tu es dans ta chambre. → Vous .... dans votre chambre.
Il est calme. → Ils .... calmes.
Nous sommes tranquilles. → Je .... tranquille.
Vous êtes en colère. → Tu .... en colère.
Elles sont bien cachées. → Elle .... bien cachée.

- **Je conjugue le verbe *être* au présent.**

être surpris	*tu*	→ *Tu es surpris.*
être en colère	nous	→ ....
être heureux	ils	→ ....
être les premiers	vous	→ ....
être triste	je	→ ....
être très surprise	elle	→ ....

24 Le verbe AVOIR au présent

AVOIR au présent	
j'	ai
tu	as
il / elle	a
nous	avons
vous	avez
elles / ils	ont

● **Je transforme chaque phrase en changeant de pronom.**

J'ai peur. → Nous .... peur.
Tu as mal à la tête. → Vous .... mal à la tête.
Il a faim. → Ils .... faim.
Nous avons réussi. → J' .... réussi.
Vous avez mal aux dents. → Tu .... mal aux dents.
Elles n'ont plus rien. → Elle n' .... plus rien.

● **Je conjugue le verbe *avoir* au présent.**

avoir soif	*tu*	→ *Tu as soif.*
avoir des ennuis	nous	→ ....
avoir une cachette	ils	→ ....
avoir froid	vous	→ ....
avoir envie de partir	j'	→ ....
avoir un pressentiment	elle	→ ....

25 Les temps du passé

Au passé, les verbes peuvent être conjugués :
– à l'**imparfait** → *je parlais, tu jouais, il marchait, ils partaient*
– au **passé composé** → *j'ai parlé, tu as joué, il a marché, ils sont partis*
Au passé composé, le verbe est formé de deux mots.

● Je lis chaque phrase :

à l'imparfait		au passé composé
• Le paquebot **voguait** sur l'océan.	→	Le paquebot **a vogué** sur l'océan.
• Certains passagers **avaient** le mal de mer.	→	Certains passagers **ont eu** le mal de mer.
• Ils **restaient** dans leur cabine.	→	Ils **sont restés** dans leur cabine.
• Le capitaine **allait** les saluer.	→	Le capitaine **est allé** les saluer.

● Je lis chaque phrase. J'indique si le verbe est au passé composé ou à l'imparfait.

Le bateau [est arrivé] dans un port. → *passé composé*

Une ville magnifique [s'étendait] devant les yeux des passagers. → ....

Un marin [a lancé] une corde pour s'amarrer. → ....

Un autre [a sauté] sur le quai. → ....

26 Le passé composé

Au **passé composé**, les verbes sont formés de deux mots.

- Certains verbes se conjuguent avec **avoir**. *Exemple : Il **a** mangé.*
- Certains verbes se conjuguent avec **être**. *Exemple : Il **est** arrivé.*

● Je lis les verbes *parler* et *arriver* au passé composé.

PARLER		
j'	ai	parlé
tu	as	parlé
il/elle	a	parlé
nous	avons	parlé
vous	avez	parlé
ils/elles	ont	parlé

ARRIVER					
je	suis	arrivé	je	suis	arrivée
tu	es	arrivé	tu	es	arrivée
il	est	arrivé	elle	est	arrivée
nous	sommes	arrivés	nous	sommes	arrivées
vous	êtes	arrivés	vous	êtes	arrivées
ils	sont	arrivés	elles	sont	arrivées

● Je transforme chaque phrase en conjuguant le verbe entre parenthèses au passé composé.

Les garçons .... une brouette.
(fabriquer)

« J'............ .... une roue », dit le plus grand.
(trouver)

Le voisin leur .... de vieilles planches.
(donner)

● Je transforme les phrases en conjuguant les verbes au passé composé.

Pendant tout l'été, Mamie garde ses petites filles.
Elles arrivent au début du mois de juillet.
Elles jouent dans le jardin. Elles aident leur grand-père.

27 L'imparfait

À **l'imparfait**, les verbes en **er** se terminent par :

je	→ **ais**
tu	→ **ais**
il / elle	→ **ait**
nous	→ **ions**
vous	→ **iez**
elles / ils	→ **aient**

PARLER à l'imparfait	
je	parl**ais**
tu	parl**ais**
il / elle	parl**ait**
nous	parl**ions**
vous	parl**iez**
elles / ils	parl**aient**

radical : terminaison

- **Je lis chaque phrase au présent puis à l'imparfait.**

EN CE MOMENT,		HIER,
• Le chat miaule devant la porte.	→	Le chat miaulait devant la porte.
• Les enfants jouent.	→	Les enfants jouaient.
• Vous rêvez de la mer.	→	Vous rêviez de la mer.
• Les parents lisent des revues.	→	Les parents lisaient des revues.

- **Dans chaque série, je ne lis à haute voix que le verbe conjugué à l'imparfait.**

je grignote	nous allions	ils dansaient	je veux	tu dessines
je grignotais	nous irons	ils dansent	je voulais	tu dessinais

- **Je lis chaque phrase en choisissant le verbe qui convient.**

Tu | préparait / mettais | la table. Ton grand frère | t'aidait / participaient | souvent.

Ta sœur | jouais / regardait | en souriant. Puis nous | mangions / parlaient | gaiment.

28 Les temps du futur

Au futur, les verbes peuvent être conjugués :
– au futur simple → *je **parlerai**, tu **donneras**, nous **serons**, ils **iront***
– au futur proche → *je **vais parler**, tu **vas donner**, tu **vas être***
Au futur proche, le verbe est formé de deux mots.

• Je ne lis à haute voix que les phrases au futur.

Nous marcherons dans la rue.
Vous regardez les magasins.
Elles riaient en marchant.
Ils vont rire en se promenant.

Irez-vous au supermarché ?
Tu fais des achats.
Il fera des cadeaux.
Je vais acheter ce pull rouge !

• Je lis chaque phrase :

au futur simple		au futur proche
• J'aiderai papa à faire le jardin.	→	Je vais aider papa à faire le jardin.
• Ils prépareront un plateau repas.	→	Ils vont préparer un plateau repas.
• Tu seras à la maison ce soir ?	→	Tu vas être à la maison ce soir ?

• Je transforme chaque phrase au futur proche.

Je mettrai mon maillot de bain. (mettre) → Je vais mettre mon maillot de bain.

Elle sautera dans le grand bassin. (sauter) → ....

Nous traverserons toute la piscine. (traverser) → ....

Et puis ils joueront dans le petit bassin. (jouer) → ....

29 Le futur simple

Au futur, les verbes se terminent toujours par :

je	→ r + **ai**
tu	→ r + **as**
il / elle	→ r + **a**
nous	→ r + **ons**
vous	→ r + **ez**
elles / ils	→ r + **ont**

LIRE au futur	
je	li : rai
tu	li : ras
il / elle	li : ra
nous	li : rons
vous	li : rez
elles / ils	li : ront

radical : terminaison

- **Dans chaque série, je ne lis à haute voix que le verbe conjugué au futur.**

je regarde je regarderai	nous jouerons nous jouons	elles dansaient elles danseront	tu viens tu viendras	vous faites vous ferez
il se promène il se promènera	elle dira elle disait	nous mangerons nous mangions	tu prendras tu prenais	ils voient ils verront

- **Je lis chaque phrase en conjuguant le verbe :**

FINIR au futur

- Je .... mon dessin plus tard.
- Nous .... tous les gâteaux.
- Ce film .... dans quinze minutes.

VENIR au futur

- Je .... à huit heures.
- Vous .... vite.
- Les enfants .... seuls.

30 Les verbes ÊTRE et AVOIR à l'imparfait et au futur

ÊTRE à l'imparfait	
j'	ét : ais
tu	ét : ais
il / elle	ét : ait
nous	ét : ions
vous	ét : iez
elles / ils	ét : aient

radical : terminaison

ÊTRE au futur	
je	se : rai
tu	se : ras
il / elle	se : ra
nous	se : rons
vous	se : rez
elles / ils	se : ront

radical : terminaison

AVOIR à l'imparfait	
j'	av : ais
tu	av : ais
il / elle	av : ait
nous	av : ions
vous	av : iez
elles / ils	av : aient

radical : terminaison

AVOIR au futur	
j'	au : rai
tu	au : ras
il / elle	au : ra
nous	au : rons
vous	au : rez
elles / ils	au : ront

radical : terminaison

- **Je transforme chaque phrase :**

	à l'imparfait	au futur
J'ai peur	→ *J'avais peur.*	→ *J'aurai peur.*
Il **a** envie de partir.	→ Il .... envie de partir.	→ Il .... envie de partir.
Elle **est** rassurée.	→ Elle .... rassurée.	→ Elle .... rassurée.
Tu **es** malade.	→ Tu .... malade.	→ Tu .... malade.
Nous **sommes** loin.	→ Nous .... loin.	→ Nous .... loin.
Ils **ont** soif.	→ Ils .... soif.	→ Ils .... soif.

Conception maquette : Sophie Duclos • Mise en page : Alinéa • Illustrations : J. Ray, B. Pilorget, C. Lapointe, A. Boisnard

Achevé d'imprimer en France par Loire Offset Titoulet
Dépôt légal n°99938-3/01 - janvier 2016